V

C.

ALBUM DU XVᴱ SIÈCLE

RELIGION. — COSTUMES
GRANT DANSE MACABRE DES HOMMES ET DES FEMMES
LETTRES ORNÉES. — CHIFFRES
MARQUES INÉDITES DES LIBRAIRES ET IMPRIMEURS FRANÇAIS

Spécimen

L'ouvrage se compose de soixante-quinze planches
in-4° tirées sur papier vergé et accompagnées
d'une légende.

PRIX DE L'OUVRAGE : 30 FRANCS

CET ALBUM PARAITRA EN ENTIER LE 1ᵉʳ OCTOBRE 1868

PARIS

LIBRAIRIE ANCIENNE DE ADOLPHE LABITTE

5, QUAI MALAQUAIS

—

1868

Fig. 1.

Fig. 2.

1524

Fig. 3.

Fig. 4.

in Domino   Si Vincem.   Confido.

Fig. 5.

Fig. 6.

Fig. 7.

Fig. 8.

Fig. 9.

Fig. 10.

Fig. 11.

Fig. 12.

mensto mei
ur de

: Guille anabat :

Fig. 13.

Fig. 14.

M: IEHAN GAVLTIERY

Fig. 15.

Fig. 16.

Fig. 17.

Fig. 18.

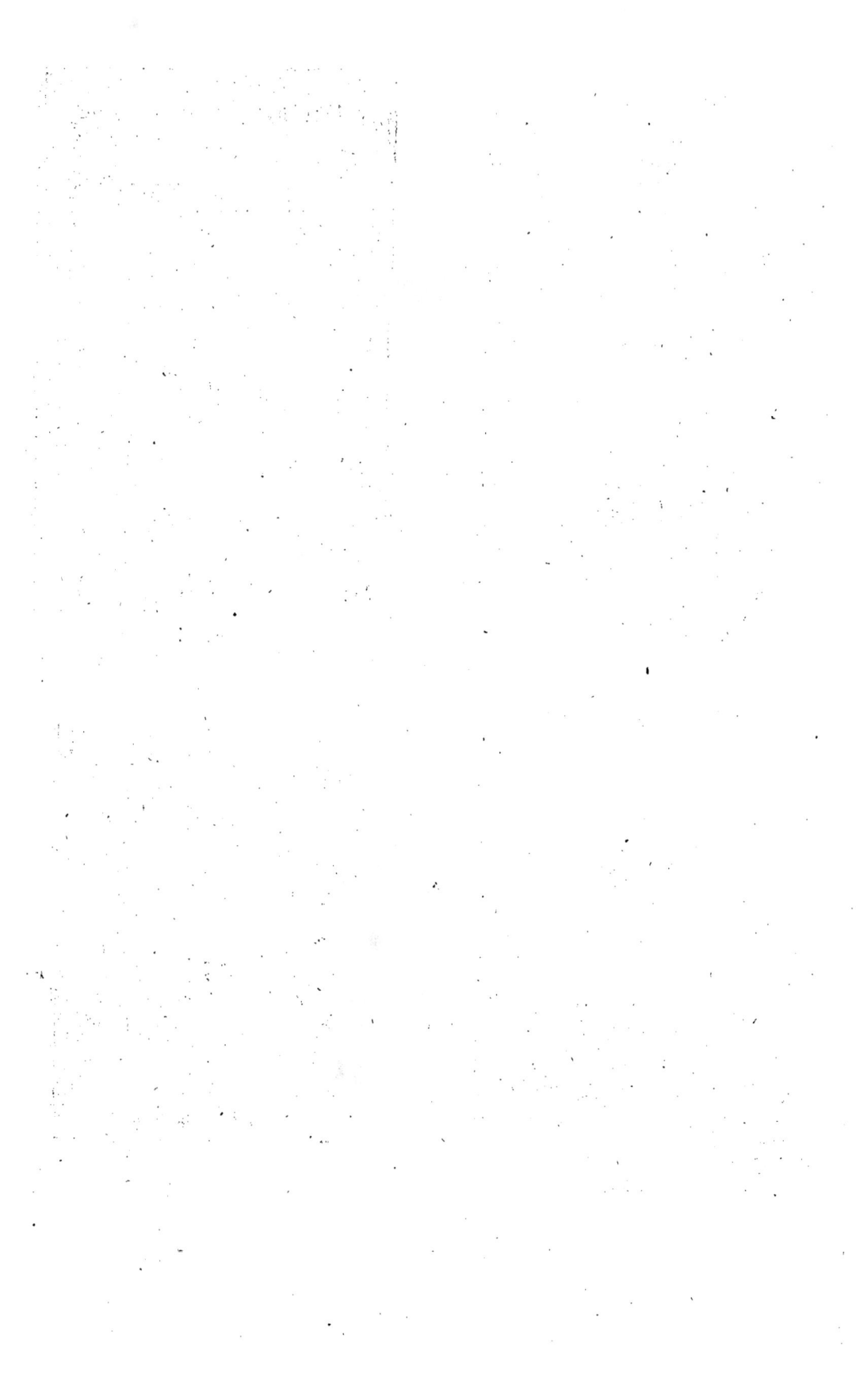

Fig. 149. Imagerie populaire. Costumes de bourgeois et de valet. Tiré de *Maistre Hambrelin*.

Fig. 150. Clerc assis dans un grand et beau siége dont le fond est formé par un tissu croisé et à jour. Au dernier plan est une fenêtre, à gauche un pupitre sur lequel est un volume; ce pupitre est fixe et placé sur le coffre même qui contient les volumes et que l'on voit ouvert.

Fig. 151. Clerc assis dans sa chaire en bois sculpté, tenant dans sa main gauche un rouleau; à sa droite est le pupitre tournant sur lequel est placé un volume, devant lui est un coffre ouvert qui renferme quelques livres.

Fig. 152. Leçon de lecture. Un clerc est assis dans une chaire en bois sculpté avec une grande simplicité, à sa gauche est un pupitre tournant, devant lui se tient l'élève qui lui présente un volume; ils sont placés devant un foyer.

Fig. 153. Costumes de théâtre du commencement du seizième siècle.

PLANCHE 40.

Fig. 154. Costumes de sots. (Fous ou bouffons.) Trois sots, un grand et deux petits, se donnent la main. Dans la bordure se lit cette inscription en contre-vérité :

Tout par raison,
Raison par tout,
Partout raison.

Tiré des *Menus propos de Mère Sotte* de Pierre Gringore.

Fig. 155. Un sot tenant école. Il est assis dans une grande chaire. Ses deux élèves, en costume de sots, étudient ou récitent des leçons. Dans le fond se trouvent deux fenêtres; sur l'une d'elles est l'écu aux armes de France.

Fig. 156. Même sujet que le précédent. Le maître est assis sur une chaire d'une forme différente. Il tient haute une poignée de verges. Dans le fond une seule fenêtre sans écu. Deux oies sont sur le devant de la scène.

Fig. 157. Dialogue du fol et du sage.

PLANCHE 41.

Fig. 158. Deux très-riches costumes orientaux portés par deux nègres. Ces figures sont prises sur le titre d'un ouvrage imprimé à Genève vers 1480. Elles peuvent donner une idée de la richesse des costumes orientaux à cette époque. Ces costumes ne sont pas de pure invention. Ils ont dû être exécutés d'après des dessins venus en Europe.

IMPRIMERIE.

PLANCHES 42-43-44.

Fig. 159 à 168. Ces figures représentent la presse à bras, telle qu'elle a servi pendant plus de cent cinquante ans depuis l'origine de l'imprimerie.

La plus ancienne représentée est celle de la figure 166. *Prelum Cesareum* (Petrus Cæsar, élève de Gering, imprimeur à Paris en 1473). Celles qui portent l'inscription *Prelum Ascensianum* désignent Josse Bade, imprimeur à Paris jusqu'en 1535.

La figure 167 représente la presse des Marnef, imprimeurs à Poitiers en 1567. Elle porte en inscriptions : *Vitam mortuo reddo* et *Je ravie le mort*. La plus moderne est celle de la figura 168. C'est celle d'Eloy Gibier, imprimeur à Orléans en 1588. Ces figures ne diffèrent entre elles que par quelques détails; nous avons dû les publier en les rapprochant.

GRANT DANSE MACABRE DES HOMMES ET DES FEMMES.

PLANCHE 45.

Titre de la Danse des Morts. Les figures des planches suivantes, moins les planches 51 et 52, ont été tirées de la Grant danse Macabre des hommes et des femmes, édition publiée par Guy Marchant, à Paris, en 1486, sous ce titre : *Ce présent livre est appellé Miroer salutaire pour toutes gens,* dont un exemplaire existe à la Bibliothèque impériale. Elles sont antérieures à l'introduction des figures de la Danse des Morts dans les livres d'heures, qui ne date que de 1491. La Danse des Morts d'Holbein, gravée sur bois d'après ses dessins, n'a été publiée qu'en 1538 à Lyon ; celle peinte sur les murs d'un cimetière de Basle et attribuée à Holbein ne date que de 1543. Les figures et le texte dont nous donnons des extraits ont été publiés en entier M. Silvestre dans sa collection gothique en 24 vol. in-16.

PLANCHE 46.

Fig. 169. Le Mort et le Pape.
Fig. 170. Le Mort et l'Empereur.

LEMPEREUR.

Je ne scay devant qui japelle
De la mort / quan si me demainne
Armer me fault de pic / de pelle
Et dun linseul ce m'est grant painne
Sur tous ay eu grandeur mondaine
Et morir me fault pour tout gage
Questce de ce mortel demainne (domaine)
Les grans ne l'ont pas davantage.

Fig. 171. Le Mort et le Cardinal.
Fig. 172. Le Mort et le Roy.
Fig. 173. Le Mort et le Légat.

Fig. 174. Le Mort et le Duc.
Fig. 175. Le Mort et le Patriarche.
Fig. 176. Le Mort et le Connestable.

PLANCHE 47.

Fig. 177. Le Mort et l'Archevesque.
Fig. 178. Le Mort et le Chevalier.

LE CHEVALIER.

Or ay-je este autorise
En pluseurs fais et bien fame
Des grans et des petis prise
Avec ce des Dames ame
Ne oncques ne fus diffame
A la court de Seigneur notable
Mais a ce cop suis tout pasme
Dessoubz le ciel na rien estable.

Fig. 179. Le Mort et l'Evesque.
Fig. 180. Le Mort et l'Escuier.
Fig. 181. Le Mort et l'Abbé.
Fig. 182. Le Mort et le Baillif.
Fig. 183. Le Mort et l'Astrologien.
Fig. 184. Le Mort et le Bourgeois.

PLANCHE 48.

Fig. 185. Le Mort et le Chanoine.
Fig. 186. Le Mort et le Marchant.
Fig. 187. Le Mort et le Maistre descole.
Fig. 188. Le Mort et l'Homme d'armes.

LE MORT.

Sur coursier ne cheval de pris
Homme d'armes ne monteres
Plus / puisque la mort vo' a pris
Advisez comment vous feres
Le monde ja tost laisseres
Nactendez plus courir la lance
Regardez moy / Tel vous seres
Tous jeux de mort sont a oultrance.

Fig. 189. Le Mort et le Chartreux.
Fig. 190. Le Mort et le Sergent.
Fig. 191. Le Mort et le Moyne.

PARIS. — IMP. AD. LAINÉ, RUE DES SAINTS-PÈRES, 19.

BULLETIN DE SOUSCRIPTION

Le Soussigné déclare souscrire à .... exemplaire de l'ouvrage intitulé : **ALBUM DU XVᵉ SIÈCLE**. Il paiera le montant de la souscription en recevant l'ouvrage.

............186 .

(Signature,)

Nom ....

Qualités ....

Domicile ....

Département ....

N.-B. — Mettre sous enveloppe et adresser à M. ADOLPHE LABITTE, Libraire, 5, quai Malaquais, à Paris.

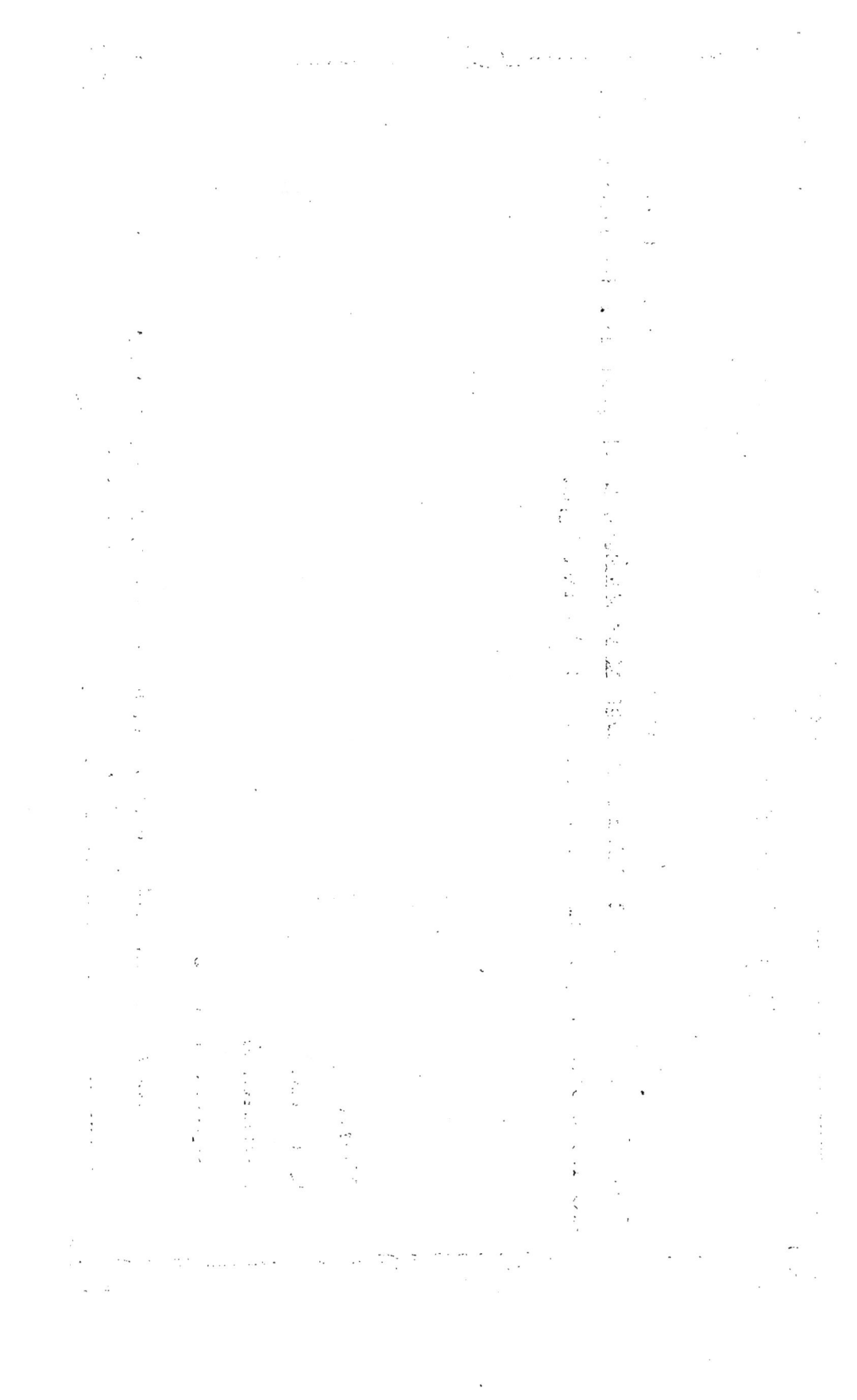

XVᵉ Siècle.

PARIS. — IMPRIMERIE DE AD. LAINÉ ET J. HAVARD, RUE DES SAINTS-PÈRES, 19.

GRAVURES SUR BOIS

TIRÉES DES

LIVRES FRANÇAIS

DU XVe SIÈCLE.

SUJETS RELIGIEUX. — DÉMONS. — ÊTRES IMAGINAIRES. — MOEURS
ET COSTUMES. — IMPRIMERIE. — GRANT DANSE MACABRE
DES HOMMES ET DES FEMMES. — LETTRES ORNÉES.
ÉCUSSONS. — CHIFFRES. — MARQUES INÉDITES.

Fig. 324.

PARIS

LIBRAIRIE ANCIENNE DE ADOLPHE LABITTE.

—

1868.

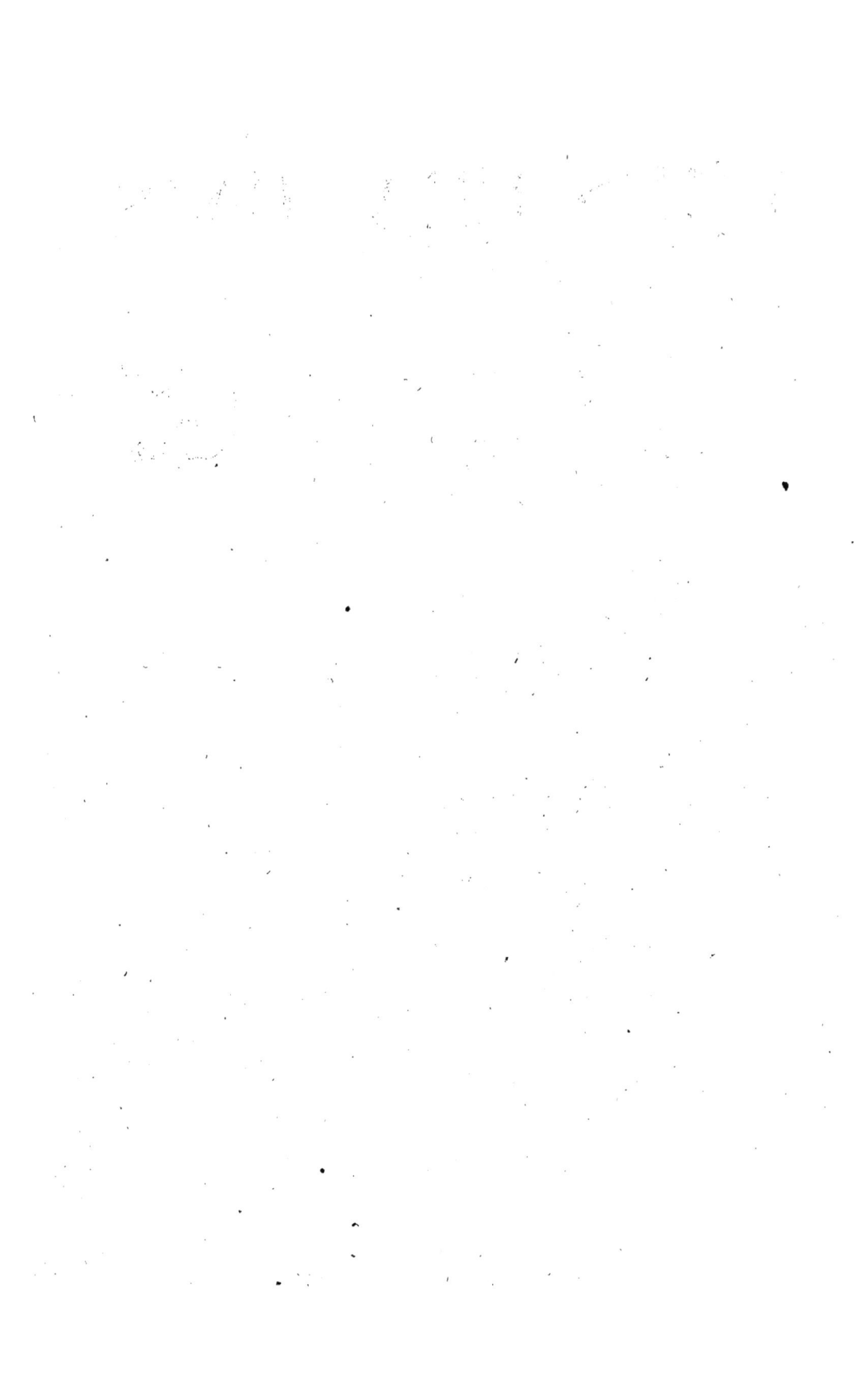

LEGENDE.

SUJETS RELIGIEUX.

PLANCHE 1.

Fig. 1. Sainte Brigide ou Brigitte, à genoux au pied de la croix. Elle fut abbesse de Kildarre, fut surnommée Thaumaturge à cause de ses nombreux miracles, et est devenue la patronne de l'Irlande. Croix de forme ancienne, telle qu'on la voit dans la figure 12, planche 3.

Fig. 2. Sainte Marguerite sortant du corps du dragon, une croix entre les mains. Elle fut brûlée vive. (*Voir* fig. 33.)

Fig. 3. L'Annonciation aux bergers, composition remarquable dans un si petit espace. (Haut., 38 millim.; larg., 23 millim.)

Fig. 4. Le Sacrifice d'Abraham, deux sujets dans une seule composition. A droite, Abraham et son fils Isaac, apportant le bois pour le sacrifice; à gauche, Abraham lève le glaive sur son fils agenouillé sur l'autel. Un ange le retient. On aperçoit le bélier qui doit être sacrifié. Ces doubles compositions sur une seule planche ont été fréquentes, même à des époques postérieures, et des figures pour la Bible, gravées par Léonard Gauthier, renferment chacune jusqu'à dix-sept sujets différents.

Fig. 5. Face du Christ sur un suaire soutenu par saint Pierre et saint Paul. Deux anges en adoration et ces mots : *In Domino confido.* (Hauteur, 27 millim.; longueur, 108 millim.)

PLANCHE 2.

Fig. 6. Saint Joseph portant une branche de lis et donnant la main à l'enfant Jésus.

Fig. 7. L'Étable de Bethléem; au fond, saint Joseph, un falot à la main. La sainte Vierge agenouillée devant le Christ couché sur la terre. Tiré du *Mystère de la Nativité*, dont l'exemplaire unique existe à la Bibliothèque impériale.

Fig. 8. Le Christ assis sur un autel et entouré des instruments de sa Passion. Au bas est cette inscription : *Meditatio cordis mei.*

Fig. 9. La Fuite en Égypte. Un ange, planant au-dessus de la Vierge, lui montre le chemin. (*Voir* fig. 17.)

PLANCHE 3.

Fig. 10. La Visitation. Les deux personnages sont entourés de la couronne d'épines.

a

Fig. 11. Le Christ est debout sur l'autel où un pape officie. Cette composition ne contient pas moins de sept personnages. (Hauteur, 35 millim.; largeur, 23 millim.)

Fig. 12. Couronnement de la Vierge. La Vierge, assise sur un trône élevé, est couronnée par un ange. Elle est prête à donner le sein à l'enfant Jésus, assis sur ses genoux. Les draperies sont remarquables. Le Christ tient une grande croix ayant la forme d'un T. (Cette forme de la croix est très-ancienne.) Un ange en soutient la partie supérieure. Aux pieds de la Vierge est une licorne, portant un écusson. Auprès est le nom de Guille Anabat. C'est probablement le nom du personnage que l'on remarque, à genoux, à la droite du trône. Au-dessus de sa tête sont ces mots : *Memento mei D. mtr. Dei.*

Cette belle composition, qui date, au plus tard, de 1506, annonce déjà tout l'art du scizième siècle. Elle a été publiée comme marque dans l'ouvrage de M. Silvestre, *Marques typographiques,* mais elle méritait d'être étudiée pour sa composition et son dessin.

Fig. 13. Triomphe de la Vierge. La Vierge debout sur le croissant de la lune, entouré d'étoile. Sceau. Il est entouré de cette inscription : *Sigillum Indulgentiarum Bte M. (Deiparæ).*

Fig. 14. Vierge tenant un cierge à la main. Un personnage est à genoux devant elle, à qui elle semble l'offrir. Elle tient un livre d'heures sous son bras. Un ange allume le cierge. Sa coiffure est la même que celle de la tête de femme de la planche 59. Un diable est derrière le cierge, un soufflet à la main. Au bas le nom de Jehan Gaultier. Il est représenté à genoux devant la Vierge. Les personnages sont blancs, sur fond noir, et entourés de rinceaux.

PLANCHE 4.

Fig. 15. Le Christ en croix entre les deux larrons. Les saintes femmes au pied de la croix.

Le costume des soldats est celui des hommes d'armes du quinzième siècle.

Fig. 16. Dieu le Père dans les branches d'un chêne. Il porte le costume de prêtre officiant. Deux anges sont à ses côtés. Au bas deux chevaux supportent l'écusson au chiffre de Claude Chevallon. Fonds noirs.

Fig. 17. La Fuite en Égypte. On y remarque le même bâton recourbé qui, dans la figure 9, est entre les mains de saint Joseph. Sur la droite, et par un mélange commun à cette époque, on voit les trois têtes de Cerbère; il recule devant les voyageurs.

Fig. 18. La sainte Vierge dans une vigne et l'Enfant Jésus sur ses genoux, cueillant des raisins. Deux anges la couronnent. A ses pieds l'écusson et le nom de Pierre Balet, et sa devise : *Je vis an Esprāce* (en espérance). Fonds noirs.

PLANCHE 5.

Fig. 19. Saint Jean portant l'Agneau pascal, et saint Jacques en costume de pèlerin, le bourdon à la main.

Fig. 20. La Reine Berthe couchée au pied d'un arbre. Trois anges ailés l'entourent. Tiré du *Miracle de N. D. de Berthe, fême du Roy Pepin q̄ ly fut changee et puis la retrouva,* d'après un manuscrit inédit de la Bibliothèque impériale.

Fig. 21. Saint Denis portant sa tête. Il est debout en costume d'évêque. Deux anges le soutiennent et le guident.

Fig. 22. Saint Pierre et saint Paul. (H., 36 mill.; larg., 24 mill.)

Fig. 23. Adoration des Mages.

PLANCHE 6.

Fig. 24. Saint Martin partageant son manteau.

Fig. 25. L'Apôtre saint Marc.

Fig. 26. Saint Romain, archevêque de Rouen (de 626 à 639), en costume d'archevêque, la croix pastorale à la main, et accompagné d'un condamné à mort. Il dompte un dragon terrible qui dévastait les environs de Rouen. C'est de là qu'est venu le privilége de la châsse de saint Romain, qui donnait au chapitre de la cathédrale le pouvoir d'arracher un criminel à la mort. Saint Romain est dans la campagne, le dragon à gauche, le criminel à genoux auprès de lui. Dans le fond la ville de Rouen, sous un ciel étoilé. Au bas de la gravure ces mots : *Gy ay Fyance.*

Fig. 27. Saint Jean portant l'Agneau, et saint Olivier frappant un rocher d'où jaillit une source. L'eau est recueillie par une jeune fille. Les mêmes attributs appartiennent à saint Alton et à saint Ingelmundus, abbés. (*Voir* le *Dict. icon. des fig., lég. et attributs des saints,* par M. Guenibault.)

Fig. 28. Saint Christophe portant l'Enfant Jésus sur ses épaules. On le représentait d'une taille prodigieuse. Son nom, qui signifie *porte-Christ,* a accrédité la légende qui le représente traversant les mers avec le Christ sur ses épaules. C'est un des sujets le plus souvent représentés au moyen âge, soit par les monuments, soit par la gravure, parce qu'on s'imaginait ne pouvoir mourir subitement ni par accident le jour où l'on avait vu une image de ce saint. (Hauteur, 35 millim.; larg., 23 millim.)

Fig. 29. Les Pèlerins d'Emmaüs. En costume de pèlerins. Leurs vêtements, la table couverte d'une nappe, les plats, l'aiguière, les couteaux, l'architecture de la pièce où ils se trouvent, tout rappelle le quinzième siècle.

PLANCHE 7.

Fig. 30. Couronnement de la Vierge. Elle est à genoux devant Dieu le Père portant la tiare. Un ange soutient la couronne sur sa tête.

Fig. 31. Supplice de sainte Catherine d'Alexandrie.

Fig. 32. Saint Nicolas en costume d'évêque. A ses pieds trois petits enfants sortant d'un baquet. A droite, sainte Catherine d'Alexandrie. Au haut, deux anges portant un écusson. Entourage de rinceaux, fonds noirs.

Fig. 33. Sainte Marguerite. (*Voir* fig. 2.)

Fig. 34. Saint Pierre et saint Paul sous un palmier. Fonds noirs.

PLANCHE 8.

Fig. 35. Saint Jean portant l'Agneau, saint Olivier frappant un rocher d'où jaillit une source. (*Voir* fig. 27.)

Fig. 36. Saint Michel couvert d'une armure, terrassant le Démon. La scène se passe sur un rocher, au bord d'un fleuve. Saint Michel est ailé. Son bouclier est couvert d'une croix. Le diable a les pieds crochus, a la tête couverte de ramure, et une double figure placée sur le ventre. (*Voir* fig. 50.)

Fig. 37. Anges portant la couronne d'épines.

Fig. 38. Anges portant une patère.

PLANCHE 9.

Fig. 39. Saint Romain, archevêque de Rouen, la croix dans la main droite, un livre ouvert dans la main gauche. A sa droite, à genoux, est le criminel, à sa gauche le dragon. Dans le fond deux arches d'un aqueduc.

Fig. 40. Ange ailé, revêtu d'une tunique, tenant deux banderolles sur lesquelles sont écrits ces mots : *Ave gratiá plena, Dñs tecum.*

PLANCHE 10.

Fig. 41. L'Archange Michel armé de toutes pièces.

Fig. 42. Anges soutenant un écusson.

Fig. 43 et 44. Anges ailés en costumes de femmes. Les deux costumes diffèrent. Le premier ange prononce les mots suivants : *C'est tout mõ plai;* le second, *C'est tout mõ plésir.* Les fonds diffèrent aussi. La légende de l'encadrement est la même : *Une seule me console.*

DIABLES ET DÉMONS.

Fig. 45. Les damnés sont plongés dans un fleuve brûlant.

Fig. 46. Les damnés sont tourmentés par des démons armés de vipères.

Fig. 47. Les damnés sont entassés à coups de fourches dans des barques qui les conduisent aux enfers.

Fig. 48. Une grande cuve à anses est placée sur le feu. Les damnés y sont tourmentés à coups de crocs.

Ces figures sont tirées de l'ouvrage intitulé : *le Voyage du puys saint Patrix.*

Fig. 49. Dans la gueule ouverte et enflammée d'un monstre un damné est poussé par des démons armés de fourches et de crocs. L'un d'eux est assis dans le fond de la gueule. Tiré de la *Complainte de l'âme damnée.*

Fig. 50. Lucifer est assis sur des rochers, au milieu des flammes. Son sceptre est un croc à deux pointes recourbées. Sur sa poitrine est une seconde figure. A sa gauche un démon assis à terre écrit sous sa dictée. Tiré du *Testament de Lucifer*, par Pierre Gringore.

ÊTRES IMAGINAIRES.

Fig. 51. Homme et femme aux jambes velues soutenant un écusson. (Les figures de cet ouvrage renferment un grand nombre d'écussons dont les formes sont très-variées.)

Fig. 52. Sirènes au milieu des joncs. Fonds noirs.

Fig. 53. Homme armé d'une cuirasse et se terminant en poisson. Il combat un dragon. Au-dessus ces mots : *Jen ay souuenance.*

Fig. 54. Sirène les cheveux épars et un peigne à la main. Fond noir, pointillé et étoilé. Quatre écussons et ces mots dans la bordure : *Ung Dieu, ung roy, une foy, une loy.*

Fig. 55. Bigorne, *qui mange tous les hommes qui font le commandement de leur femme.* Imagerie populaire.

Fig. 56. Centaures armés de massues.

Fig. 57. Singe à crinière et à pattes de lion portant un double écusson.

Fig. 58. Licornes.

Fig: 59. Licorne supportant un écusson. Elle est représentée avec deux ailes.

Fig. 60. Licornes sans ailes. Autour de la bordure sont ces mots : *Chascun soit content de ces biens, qui na sufisance na riens.*

Fig. 61. Licorne et lion tenant un écusson.

Fig. 62. Griffons. L'entourage représente des enfants grimpant sur des branches d'arbre.

Fig. 63. Griffons ailés.

Fig. 64. Dragons ailés. Écusson pendu à un arbre. Oiseaux dans le feuillage. Sur les côtés deux enfants dans les branches.

PLANCHE 17.

Fig. 65, 66, 67. Griffons ailés supportant des écussons.

Fig. 68. Crocodile aux pattes de lion; écusson et chiffre. Dans un arbre, le pélican.

PLANCHE 18.

Fig. 69. Dragons ailés à tête et à queue de serpent supportant un écusson sur lequel est représenté le loup et l'agneau. Au haut d'un arbre, le hibou; sur les côtés, deux enfants dans les branches, et pour devise : *Quic quit agas respice finem.*

Fig. 70. Cerfs ailés, une couronne sur le cou.

PLANCHE 19.

Fig. 71. Cerfs ailés portant un écusson. Bordure en rinceaux mêlés de sujets grotesques.

Fig. 72. Quadrupèdes à pieds de cerf et à trompes de tapir. Écusson et chiffre.

Fig. 73. Dragons ailés. Dans le haut des arbres, oiseaux et enfants.

Fig. 74. Animaux aux pieds de cerf, à têtes de chien armées de crocs, le cou portant une couronne.

PLANCHE 20.

Fig. 75. Cerfs ailés à cou couronné. Au-dessus les armes de la ville de Poitiers.

Fig. 76. Deux renards soutenant un écusson. Celui de droite a sur le cou un capuchon de moine.

Fig. 77. Cerfs ailés au cou chargé d'une couronne, et portant l'écu de France entouré des insignes de l'ordre du Porc-Épic.

MŒURS ET COSTUMES.

PLANCHE 21.

Fig. 78. Costumes de pape, de roi et d'empereur. Bordure supérieure en rinceaux. Au bas, cette inscription : *Guille Eustace les vent en la rue de la Jufrie.*

Fig. 79 et 80. Roi et reine à genoux. Roi visitant un prisonnier dans une tour. Sujets tirés de livres d'heures. (H., 34 mill.; l., 23 mill.)

PLANCHE 22.

Fig. 81. Cérémonie du mariage. Figure tirée du *Mariage des quatre fils Hemon et des filles Dampsimon.*

Fig. 82. Imagerie populaire. Tiré de l'ouvrage intitulé : *S'ensuyt la patience de Griselidis.*

Fig. 83. Pénitent en chemise portant la croix. Il a une couronne sur la tête.

Fig. 84. Scène tirée d'un manuscrit antérieur au quinzième siècle. Les fig. 85, 88, 93, 105 à 108 appartiennent à la même époque.

PLANCHE 23.

Fig. 85. Pénitent aux pieds d'un évêque dont la main droite est couverte d'un gant. Sa coiffure est remarquable.

Fig. 86. Saint Hubert en costume de chasseur; un levrier est près de lui. Il est à genoux devant un cerf portant la croix sur sa tête.

Fig. 87. Costumes de religieux. Un personnage quitte ses habits pour prendre l'habit de pénitent. Tiré du *Puys saint Patrix.*

Fig. 88. Costume de religieux. Il tient un livre d'heures dans sa main gauche, et semble indiquer le chemin à un jeune homme à peine couvert et armé d'une massue.

Fig. 89. Homme comptant sur ses doigts. Il est revêtu d'un manteau à large collet et à capuchon.

PLANCHE 24.

Fig. 90. Cérémonie du mariage. Tiré du *Roman de Edipus, lequel tua son père et espousa sa mère.*

Fig. 91. Costume de fauconnier. Il porte l'oiseau sur le poing.

Fig. 92. Costumes religieux. Abélard rendant visite à Héloïse au Paraclet.

Fig. 93. Scène de reconnaissance. Costume de religieuse. La coiffure du jeune chevalier est roulée et comme nattée autour de sa tête.

PLANCHE 25.

Fig. 94. Chasse au cerf. Chasseurs à l'arc et à l'arbalète. Tiré de l'ouvrage intitulé : *la Chasse du cerf des cerfs,* par Pierre Gringore. Satire très-violente contre Jules II. Le titre fait allusion à la qualité que prennent les papes : *Servus servorum Dei.*

Fig. 95. Arbalétriers. Dans la bordure on lit cette inscription : *En ce monde fault bien tirer qui en paradis veult monter.*

Fig. 96. Costumes de théâtre, Jason et Médée.

Fig. 97. Chasseurs au filet. Tiré de *la Chasse du cerf des cerfs.* (*Voir* fig. 94.)

PLANCHE 26.

Fig. 98. Cérémonie de la promotion d'un chevalier. Après avoir passé la nuit qui précédait son investiture à prier Dieu dans une église et à faire ce qu'on appelait la veille d'armes, le candidat, habillé de rouge, devant un grand nombre de chevaliers et de seigneurs, faisait serment à genoux de n'épargner ni vie ni biens, à défendre la religion, à faire la guerre aux infidèles, à protéger les orphelins, les veuves, les indéfendus ; le serment prêté, les seigneurs les plus qualifiés lui chaussaient des éperons dorés, lui présentaient le ceinturon, où pendait une longue épée bénite par un prélat. Quelquefois c'était un évêque qui la lui mettait au côté ; plus souvent le souverain qui faisait la cérémonie mettait lui-même au novice la ceinturon et l'épée, puis, après l'avoir embrassé ; il lui donnait sur l'épaule deux ou trois coups de plat d'épée en disant : *Je te fais chevalier, au nom du Père, du Fils et du Saint Esprit.* C'est cet instant de la cérémonie que représente la figure 98. Le chevalier, le genou en terre, est prêt à recevoir l'accolade. Cette cérémonie, la plus grande qu'il y eût alors, se faisait au son des trompettes, des hautbois et autres instruments ; elle était suivie de festins, de ballets et de mascarades.

Fig. 99. Un ange apporte une cotte de mailles et un bouclier à un jeune guerrier.

Fig. 100. Chevalier armé complétement de sa cotte de mailles recouverte d'une cotte d'armes, l'épée au côté. (Antérieur au quinzième siècle.)

PLANCHE 27.

Fig. 101. Saint Martin, armé en chevalier, chevauchant sous les murs d'une ville ; il ne porte point de casque. Tiré du *Mystère de saint Martin,* dont l'exemplaire unique appartient à la bibliothèque de Chartres.

Fig. 102. Chevalier armé de toutes pièces chargeant l'épée haute. Son cheval est couvert d'une armure complète. Tiré de *l'Hystoire plaisante et recréative faisât mention des prouesses et vaillances du noble Syperis de Vinevaux et de ses dix-sept fils.*

Fig. 103. Chevalier se présentant à la porte d'une ville. Il est complétement armé, une lance à la main ; on remarque la forme singulière de son casque. Tiré de l'ouvrage intitulé : *Sēsuyt le Romant de Richart, filz de Robert le Diable q̃ fut Duc de Normendie.*

Fig. 104. Ville prise d'assaut. Cette figure est ti-rée du *Roman de Edipus*, cité plus haut, et re-présente la Destruction de Thèbes; elle se trouve reproduite aussi dans d'autres ouvrages du sei-zième siècle.

PLANCHE 28.

Fig. 105 à 108. Diverses scènes de chevalerie. Ces guerriers ne sont revêtus que de la cotte de mailles et ne sont armés que de boucliers et de lances. Les chevaux sont caparaçonnés, mais ne sont pas recouverts d'armures. Les figures sont tirées d'un manuscrit antérieur au quinzième siècle.

PLANCHES 29 et 30.

Fig. 109 à 112. Chevaliers armés de toutes pièces. Ces quatre armures diffèrent entre elles. A la gauche se trouvent des Sirènes, celles des fi-gures 111 et 112 sont remarquables par leur haute coiffure.

PLANCHE 31.

Fig. 113. Trois clercs assis écoutant un récit, tiré des *Faictz merveilleux de Virgile*.

Fig. 114. Costume de paysan. Tiré de : *la Guerre et le débat entre la lãgue, les membres et le vêtre*.

Fig. 115. Imagerie populaire. Tiré de *la Patience de Griselidis*.

Fig. 116. Costume de dame noble, un chien à ses pieds, une fleur à sa main. Tiré du *Rousier des Dames siue le Pellerin d'amours*.

PLANCHE 32.

Fig. 117. Imagerie populaire. Tiré de *la Patience de Griselidis*.

Fig. 118. Bourgeois et bourgeoise à table. Ils sont assis sur un banc à dossier; un enfant est placé entre eux deux; un autre est assis à l'extrémité droite de la table, un tabouret sous ses pieds. La table est placée sur deux tréteaux. Elle est couverte d'une nappe et servie. On remarque le plat, les pains, un verre, des couteaux. Der-rière les maîtres sont quatre serviteurs. A droite et à gauche, au-dessus de leur tête deux buf-fets. Au fond un plat à reliefs est suspendu à la muraille.

Fig. 119. Scène de théâtre. Pierrot montre sa langue au médecin. Celui-ci, dans le costume de docteur, a pris une fiole dans son coffre à médicaments (fin du seizième siècle).

Fig. 120. Costume de théâtre. Le fond comme dans la figure précédente est formé par une ri-che tenture.

Fig. 121. Scène de lamentation. Douze person-nages réunis, de tout âge et de toutes les con-ditions, pleurent et gémissent. Les figures ont toutes des expressions diverses.

Fig. 122. Scène d'amour. Costume de courti-sane (seizième siècle).

PLANCHE 33.

Fig. 123. Riches costumes d'homme et de femme nobles. Manteaux à manches fourrés d'her-mine. Coiffure nattée. Chaussure brodée et ne recouvrant que l'extrémité du pied. Tiré de *Listoyre de Pierre de Provence et de la belle Maguelonne, imprimée à Lyon en* 1478.

Fig. 124. Costumes de servante et de page.

Fig. 125. Leçon de chant. Le maître de chant porte un pince-nez. Les figures sont expres-sives.

Fig. 126. Costumes de femmes du peuple. Tiré du *Mirouer des femmes vertueuses*.

Fig. 127. Scène d'intérieur. Commencement du seizième siècle.

PLANCHE 34.

Fig. 128. Costume de femme des environs de Strasbourg au quinzième siècle.
Fig. 129. Riche costume de femme.
Fig. 130. Costumes d'hommes d'armes.
Fig. 131. Costumes de berger et de bergère.

PLANCHE 35.

Fig. 132. Costume de paysan. (*Voir* fig. 114.)
Fig. 133. Costume de cabaretier ; il est attablé et boit.
Fig. 134. Nain. (Tiré des *Justes Plaintes du sieur Tabarin.*) Imagerie populaire de la fin du seizième siècle.
Fig. 135. Costume de paysan, il est revêtu d'un manteau, les côtés sont fendus et laissent passer les bras. Tiré du *Débat de la langue et du ventre,* cité plus haut.

PLANCHE 36.

Fig. 136. Établi de corroyeur.
Fig. 137. Femme conduite au supplice, en chemise et les cheveux épars. Elle est assise sur une charrette, le dos tourné du côté du cheval, les mains liées derrière le dos. Le charretier est à cheval, il tient la condamnée par un bout de la corde. Des hommes du peuple entourent la charrette et manifestent leurs sentiments de pitié. Elle est escortée par un homme d'armes chargé d'une armure complète et la lance à la main. Tiré du *Miracle de N.-D. de la Marqse de la Gaudine,* d'après une miniature.
Fig. 138. Costume de portefaix. Tiré des *Grandes et inestimables cronicques du grant et énorme géant Gargantua, édition de Lyon,* 1532.
Fig. 139. Costume de paysan. Il porte un manteau à large collet. Tiré de *Maistre Aliborum qui de tout se mesle.*

PLANCHE 37.

Fig. 140. Costumes de servantes. La scène représentée est Bethsabée au bain. Elle est placée dans une baignoire ronde. Auprès d'elle sont ses chaussures et un coffret. Ce bois n'a que 34 mill. de hauteur, sur 22 mill. de largeur. Il est tiré d'un livre d'heures.
Fig. 141. Costume de berger. (Haut. 30 mill. Larg. 16 mill.)
Fig. 142. Établi de cordonnier.
Fig. 143. Imagerie populaire. Tiré de l'ouvrage intitulé : *Discours facétieux des hommes qui font saller leurs femmes à cause qu'elles sont douces.* (Commencement du seizième siècle.)
Fig. 144. Costumes de marchand et de bourgeois.

PLANCHE 38.

Fig. 145. Costume d'un grand seigneur. Robe couverte d'hermine, une bourse à la ceinture.
Fig. 146. Clerc assis dans une chaire devant un pupitre tournant. Quelques volumes épais, à fermoirs, les plats armés de têtes de clous, sont dispersés autour de lui ou placés sur le pupitre. Au fond on remarque deux fenêtres, au-dessous un coffre destiné sans doute à renfermer ces volumes. Le haut du pupitre est orné d'une statuette de chevalier. Auprès est un encrier. (*Voir* fig. 259.)
Fig. 147. Leçon de chant. Trois hommes, deux femmes et deux enfants entourent un maître de chant assis devant une table; un seul livre de musique est ouvert. Il y a beaucoup de variété dans leur attitude et dans leur physionomie. Une femme est assise sur la table, à gauche est un pot et un verre.
Fig. 148. Clerc devant un pupitre, la plume à la main et un volume ouvert devant lui. La chaire sur laquelle il est assis et le pupitre sont très-différents de ceux représentés sous le n° 146.

Fig. 149. Imagerie populaire. Costumes de bourgeois et de valet. Tiré de *Maistre Hambrelin.*

Fig. 150. Clerc assis dans un grand et beau siége dont le fond est formé par un tissu croisé et à jour. Au dernier plan est une fenêtre, à gauche un pupitre sur lequel est un volume; ce pupitre est fixe et placé sur le coffre même qui contient les volumes et que l'on voit ouvert.

Fig. 151. Clerc assis dans sa chaire en bois sculpté, tenant dans sa main gauche un rouleau; à sa droite est le pupitre tournant sur lequel est placé un volume, devant lui est un coffre ouvert qui renferme quelques livres.

Fig. 152. Leçon de lecture. Un clerc est assis dans une chaire en bois sculpté avec une grande simplicité, à sa gauche est un pupitre tournant, devant lui se tient l'élève qui lui présente un volume; ils sont placés devant un foyer.

Fig. 153. Costumes de théâtre du commencement du seizième siècle.

Fig. 154. Costumes de sots. (Fous ou bouffons.) Trois sots, un grand et deux petits, se donnent la main. Dans la bordure se lit cette inscription en contre-vérité :

> *Tout par raison,*
> *Raison par tout,*
> *Partout raison.*

Tiré des *Menus propos de Mère Sotte* de Pierre Gringore.

Fig. 155. Un sot tenant école. Il est assis dans une grande chaire. Ses deux élèves, en costume de sots, étudient ou récitent des leçons. Dans le fond se trouvent deux fenêtres; sur l'une d'elles est l'écu aux armes de France.

Fig. 156. Même sujet que le précédent. Le maître est assis sur une chaire d'une forme différente. Il tient haute une poignée de verges. Dans le fond une seule fenêtre sans écu. Deux oies sont sur le devant de la scène.

Fig. 157. Dialogue du fol et du sage.

Fig. 158. Deux très-riches costumes orientaux portés par deux nègres. Ces figures sont prises sur le titre d'un ouvrage imprimé à Genève vers 1480. Elles peuvent donner une idée de la richesse des costumes orientaux à cette époque. Ces costumes ne sont pas de pure invention. Ils ont dû être exécutés d'après des dessins venus en Europe.

IMPRIMERIE.

Fig. 159 à 168. Ces figures représentent la presse à bras, telle qu'elle a servi pendant plus de cent cinquante ans depuis l'origine de l'imprimerie.

La plus ancienne représentée est celle de la figure 166. *Prelum Cesareum* (Petrus Cæsar, élève de Gering, imprimeur à Paris en 1473). Celles qui portent l'inscription *Prelum Ascensianum* désignent Josse Bade, imprimeur à Paris jusqu'en 1535.

La figure 167 représente la presse des Marnef, imprimeurs à Poitiers en 1567. Elle porte en inscriptions : *Vitam mortuo reddo* et *Je ravie le mort.* La plus moderne est celle de la figure 168. C'est celle d'Eloy Gibier, imprimeur à Orléans en 1588. Ces figures ne diffèrent entre elles que par quelques détails; nous avons dû les publier en les rapprochant.

GRANT DANSE MACABRE DES HOMMES ET DES FEMMES.

PLANCHE 45.

Titre de la Danse des Morts. Les figures des planches suivantes, moins les planches 51 et 52, ont été tirées de la Grant danse Macabre des hommes et des femmes, édition publiée par Guy Marchant, à Paris, en 1486, sous ce titre : *Ce présent livre est appellé Miroer salutaire pour toutes gens*, dont un exemplaire existe à la Bibliothèque impériale. Elles sont antérieures à l'introduction des figures de la Danse des Morts dans les livres d'heures, qui ne date que de 1491. La Danse des Morts d'Holbein, gravée sur bois d'après ses dessins, n'a été publiée qu'en 1538 à Lyon; celle peinte sur les murs d'un cimetière de Basle et attribuée à Holbein ne date que de 1543. Les figures et le texte dont nous donnons des extraits ont été publiés en entier M. Silvestre dans sa collection gothique en 24 vol. in-16.

PLANCHE 46.

Fig. 169. Le Mort et le Pape.
Fig. 170. Le Mort et l'Empereur.

LEMPEREUR.

Je ne scay devant qui japelle
De la mort / quan si me demainne
Armer me fault de pic / de pelle
Et dun linseul ce m'ést grant painne
Sur tous ay eu grandeur mondaine
Et morir me fault pour tout gage
Questce de ce mortel demainne (domaine)
Les grans ne l'ont pas davantage.

Fig. 171. Le Mort et le Cardinal.
Fig. 172. Le Mort et le Roy.
Fig. 173. Le Mort et le Légat.

Fig. 174. Le Mort et le Duc.
Fig. 175. Le Mort et le Patriarche.
Fig. 176. Le Mort et le Connestable.

PLANCHE 47.

Fig. 177. Le Mort et l'Archevesque.
Fig. 178. Le Mort et le Chevalier.

LE CHEVALIER.

Or ay-je este autorise
En pluseurs fais et bien fame
Des grans et des petis prise
Avec ce des Dames ame
Ne oucques ne fus diffame
A la court de Seigneur notable
Mais a ce cop suis tout pasme
Dessoubz le ciel na rien estable.

Fig. 179. Le Mort et l'Evesque.
Fig. 180. Le Mort et l'Escuier.
Fig. 181. Le Mort et l'Abbé.
Fig. 182. Le Mort et le Baillif.
Fig. 183. Le Mort et l'Astrologien.
Fig. 184. Le Mort et le Bourgeois.

PLANCHE 48.

Fig. 185. Le Mort et le Chanoine.
Fig. 186. Le Mort et le Marchant.
Fig. 187. Le Mort et le Maistre descole.
Fig. 188. Le Mort et l'Homme d'armes.

LE MORT.

Sur coursier ne cheval de pris
Homme d'armes ne monteres
Plus / puisque la mort vo' a pris
Advisez comment vous feres
Le monde ja tost laisseres
Nactendez plus courir la lance
Regardez moy / Tel vous seres
Tous jeux de mort sont a oultrance.

Fig. 189. Le Mort et le Chartreux.
Fig. 190. Le Mort et le Sergent.
Fig. 191. Le Mort et le Moyne.

Fig. 192. Le Mort et l'Usurier.

LE POURE (pauvre) HÔME.

Usure est tant mauvais pechie
Comme chascun dit et raconte
Et cest homme qui approchie
Se fet de la mort / nen tieut conte
Mesme largent que ma main côpte
Encore a usure me preste
Il deura de retour au compte
Nest pas quitte qui doit de reste.

PLANCHE 49.

Fig. 193. Le Mort et le Médecin.
Fig. 194. Le Mort et l'Amoreux.

L'AMOREUX.

Helas, or ny a il secours
Contre Mort / adieu amourettes
Moult tost va jeunesse a decours
Adieu chapeaux / bouques / fleurettes
Adieu amans et pucelettes
Souuienne vous de moy souvent
Et vous mirez se sages estes
Petite pluie abat grant vent.

Fig. 195. Le Mort et l'Advocat.
Fig. 196. Le Mort et le Menestrel.
Fig. 197. Le Mort et le Curé.
Fig. 198. Le Mort et le Laboureur.
Fig. 199. Le Mort et le Promoteur.

LE PROMOTEUR.

Jeusse demain receu six solz
Dun homme qui est en sentence
Pour conseutir quil fust absoulz
Se ieusse esté a laudience
Plus ne me faut penser en ce
Mort ma surpriz en son embuche
Prendre me fault en patience
Bien charie qui ne trebuche.

Fig. 200. Le Mort et le Geôlier.

LE GEOLIER.

Je tenois de bous prisonniers
Desquels jattendoys recevoir
Pienne ma bourse de deniers
Pour despence et pour avoir

Les garde / et fait mon devoir
De les penser bien loyalement
Quant on meurt on doit dire voir.
Dieu scet qui dit vrai ou qui ment.

PLANCHE 50.

Fig. 201. Le Mort et le Pèlerin.
Fig. 202. Le Mort et le Berger.
Fig. 203. Le Mort et le Cordelier.
Fig. 204. Le Mort et l'Enfant.
Fig. 205. Le Mort et le Clerc.
Fig. 206. Le Mort et l'Hermite.
Fig. 207. Le Mort et le Hallebardier.
Fig. 208. Le Mort et le Sot.

Or sont maintenant bons amis
Et dansent icy dun accord
Pleuseurs qui estoient ennemis
Quant ilz vivoient et en discord,
Mais la Mort les a mis dacord
Laquelle fait estre tout ung
Sages et sotz / quant Dieu lacord
Tous mors sont dun estat commun.

PLANCHE 51.

Fig. 209. La Mort frappe tout le monde, au bas est
le nom et le chiffre de Jehan Huvin, libraire à
Rouen.
Fig. 210. La Mort lançant ses flèches.

PLANCHE 52.

Fig. 211. Trois morts dans le cimetière d'une
ville, à leurs pieds une pierre tombale.
Fig. 212. La Mort combattant un chevalier, armé
de toutes pièces. La devise est : Je n'épargne
homme vivant au monde. Tiré de l'ouvage intitulé : Le Chevalïer délibéré.
Fig. 213. La Mort sortant de la gueule d'un monstre et frappant de sa flèche l'homme juste et

tranquille. Les inscriptions qui les entourent sont celles-ci :

Amor Dei omnia vincit
Dne salvum me fac.
Ubi nullus ordo sed sempitern. horror inhabitat.

Fig. 214. La Mort frappant un pape.
Fig. 215. Homme passant un torrent sur un pont qui se brise. La Mort le pousse dans le précipice. Allégorie.

PLANCHE 53.

Fig. 216. La Morte couchée.
Fig. 217. La Morte à cheval.

Sur ce cheval hideux et palle
La mort suis / fierement assise
Il n'est beaulté que je ne haale
Soit vermeille ou blanche ou bise
Mon cheval court comme la bise
Et en courant mort rue et frappe
Et ie tue tout / car cest ma guise
Tous vivans trebuchent en ma trappe.

Je passe par mons et par vaux
Sans tenir ne voie ne sente
Je prens par villes et chasteaulx
Mon tribu, mon cens et ma rente
Sans donner ne delay / nattente
Ne jour / ny heure / ne demie
Devant moy fault qu'on se presente
A tous vivans je tolz la vie.

Fig. 218. La Morte et la Royne.
Fig. 219. La Morte et la Duchesse.
Fig. 220. La Morte et la Régente.

LA RÉGENTE.

Quant me souuient des tabourins
Nopces / festes / harpes / trompettes
Menestrels / doulcines / clarins
Et des grans cheres que jay faictes
Je congnoiz que telz entrefaictes
En temps de mort nont point de lieu
Mais torneut en pouures empleites
Tout se passe fors amer Dieu.

Fig. 221. La Morte et la Femme du chevalier.
Fig. 222. La Morte et l'Abbesse.
Fig. 223. La Morte et la Femme de lescuier.

PLANCHE 54.

Fig. 224. La Morte et la Prieuse.
Fig. 225. La Morte et la Damoiselle.

LA DAMOISELLE.

Que me vallent mes grans atours
Mes habitz / Jeunesse / Beaute
Quant tout me fault lesser en plours
Oultre mon gré et volente
Mon corps sera bientot porte
Aux vers et a la pourriture
Plus nen sera balle / chante.
Joie mondainne bien peu dure.

Fig. 226. La Morte et la Bourgeoise.
Fig. 227. La Morte et la Femme vefue.
Fig. 228. La Morte et la Marchande.

LA MARCHANDE.

Qui gardera mon ouurouer
Tandis que je suis à malaise
Mes gens ne feront que iouer
Les biens leur viennent a leur aise.
Adieu ma balance et ma chaise
Ou jay eu les yeulx diligens
Pour plus cher vendre / dont me poise
Avarice decoit les gens.

Fig. 229. La Morte et le Baillive.
Fig. 230. La Morte et l'Espousée.

L'ESPOUSÉE.

En la journée quavoye désir
Davoir quelque joye en ma vie
Je nai que deul et desplaisir
Et si fault que tantôt deuie.
Hee mort / pourquoy as tu cnuie
De moy qui me prens si a coup
Si grande faulte nay desservie
Mais il faut louer Dieu de tout.

Fig. 231. La Mort et la Femme mignote.

PLANCHE 55.

Fig. 232. La Morte et la Pucelle vierge.

LA PUCELLE VIERGE.

En ce siècle ieunes ne vieulx
Ne sont pas en grant seurte
De larmes sont souvent les yeulx
Plains pour ennuy ou pouureté

Se on a une joyeusete
Il vient apres quinze doleurs
Pour ung bien double adversite
Plaisir mondain finit en pleurs.

Fig. 233. La Morte et la Théologienne.
Fig. 234. La Morte et la nouvelle Mariée.
Fig. 235. La Morte et la Femme grosse.
Fig. 236. La Morte et la Chamberière.

LA CHAMBERIÈRE.

Quoy ma maitresse ma promis
Me marier et des biens faire
Et puis si ay dautres amis
Qui lui ayderont a parfaire :
Hee men irayie sans riens faire
Jen appelle / on me fait tort
Aussi ne men sauroye ie taire
Peu de geus desirent la mort.

Fig. 237. La Morte et la Recommanderesse.
Fig. 238. La Morte et la vieille Demoiselle.
Fig. 239. La Morte et la Cordelière.

PLANCHE 56.

Fig. 240. La Morte et la Femme d'accueil.
Fig. 241. La Morte et la Nourrice.
Fig. 242. La Morte et la Bergière.

LA BERGIÈRE.

Je prens congé du franc gontier
Que je regrette a merveilles
Plus naura chapeau deglantier
Car vecy piteuses nouvelles.
Adieu bergiers et pastourelles.
Et les beaux champs que Dieu fist croistre
Adieu fleurs et roses vermeilles.
Il faut tous obéir au maistre.

Fig. 243. La Morte et la Femme aux potences.
Fig. 244. La Morte et la Femme de village.

LA FEMME DE VILLAGE.

Je prends la mort vaille que vaille
Bien en gré et en patience
Francs archiers ont pris ma poullaille
Et eu toute ma substance

De pouures gens nulluy nen pense
Entre voisins na charite
Chascun veult avoir grant cheuance
Nul na cure de pouurete.

Fig. 245. La Morte et la Vielle.
Fig. 246. La Morte et la Revenderesse.
Fig. 247. La Morte et la Femme amoureuse.

PLANCHE 57.

Fig. 248. La Morte et la Garde d'accouchées.
Fig. 249. La Morte et la ieune fille.

LA IEUNE FILLE.

Haa ma mere ie suis happee
Vecy la mort qui me transporte
Pour Dieu quon garde ma poupée
Mes cinq pierres / ma belle cote.
Ou elle vient trestout emporte
Par le pouoir que Dieu ly donne
Vieulx et jeunes de toute sorte :
Tout vient de Dieu tout y retorne.

Fig. 250. La Morte et la Religieuse.
Fig. 251. La Morte et la Sorcière.
Fig. 252. La Morte et la Bigote.
Fig. 253. La Morte et la Sotte.

LA MORTE.

Sus tost / Margot venez auant
Estes vous maintenant derriere
Vous deussiez ia estre devant
Et danser toute la première.
Quel contenance / Quel manière
Ou est votre fille Marote
Ne vault faire cy mesgre chiere
Car cest vostre dernière note.

Fig. 254-255. L'orchestre des quatre morts, avec harpe, tambour, flûte, musette et orgue portatif.

LETTRES ORNÉES.

Fig. 256. Le grand A est tiré de l'ouvrage intitulé : *la Fontaine de toute science du philosophe Sydrac*, imprimé par Anthoine Verard. Le grand C est tiré de l'ouvrage intitulé : *Cy commence le livre de Baudouyn, conte de Flandres*, imprimé à Chambéry par Anthoine Neyret, en 1484. C'est le premier livre imprimé dans cette ville. Cette grande lettre renferme la croix de Savoie et le mot *fert*. Les autres lettres se retrouvent dans plusieurs ouvrages de cette époque.

Fig. 257. Le grand L à figures grotesques est tiré d'une Bible française. Les autres lettres sont tirées d'ouvrages moins importants.

Fig. 258. Le grand M, si richement orné de rinceaux et de têtes grotesques, a servi de marque à Martin Morin, imprimeur à Rouen, de 1484 à 1518.

Fig. 259. Lettre P. Cette lettre magnifique n'a pas moins de 136 mill. de hauteur, sur 120 de largeur. Elle a été employée par Anthoine Vérard. Le centre est occupé par un clerc assis dans une chaire en bois sculpté, écrivant sur un pupitre tournant. Il y a deux fenêtres dans le fond, et au-dessous un coffre ouvert sur le côté où se trouvent quelques volumes.

Fig. 260. Titre réduit des chronicques dites de Nuremberg. — Grand M et grand S ornés. Au bas de la planche, le chiffre composé des deux lettres G M (Georges Mittelhus, libraire et imprimeur à Paris, de 1484 à 1500).

CHIFFRES.

Entrelacement de deux ou de plusieurs lettres initiales. Sous Louis XIV, l'on fit des ouvrages spéciaux où l'élégance et le dessin des chiffres ne laissaient rien à désirer. On peut les comparer à la composition des chiffres au quinzième siècle. Ces chiffres sont ceux de libraires et imprimeurs que nous désignerons successivement. Ils sont dispersés dans l'ouvrage de M. Silvestre : *Marques typographiques*. Nous avons pensé qu'il serait utile de les rassembler.

Fig. 261. Chiffre de Johannes Priis de Strasbourg, 1483-1527.

Fig. 262. Le mot Quid renfermé dans une seule lettre. Tiré du *Manuale Virgilianum*, n° 206 du catalogue de la bibliothèque de M. Brunet.

Fig. 263. Chiffre de Jehan Lambert de Paris, 1493-1514. Il est terminé par une croix couchée. Aux deux côtés sont placés deux bâtons de pèlerins, et dans la bordure se trouve cette inscription : A espoir en Dieu.

Fig. 264. Chiffre J A S, terminé par une croix, c'est celui de Jehan Alexandre, à Angers, 1492.

Fig. 265. Chiffre A L M S. C'est celui de Lambillon et Sarazin, à Lyon, 1491-1492.

Fig. 266. Les lettres L C M renfermées dans un grand C. Appartient à Loys Cruze de Genève, 1479-1509.

Fig. 267. Chiffre de Guillaume Balsarin, Lyon, 1493 à 1503.

Fig. 268. Chiffre de Jehan Lecoq, Troyes, 1509 à 1530.

Fig. 269. Chiffre inconnu. Copié sur un chiffre antérieur au quinzième siècle. *Franciscus...*

Fig. 270. Chiffre de Henricus Gran, 1489-1527.

Fig. 271. Chiffre composé de six lettres, autour est placé pour devise : *Benedictum sit nomen Domini* : au bas la figure du Pélican. Chiffre de Marnef, Poitiers, 1508.

Fig. 272. Chiffre de Alex. Aliatte, 1499-1505. Dans la bordure pour devise : *A fructibus eorum cognoscetis eos.*

PLANCHE 65.

Fig. 273. Chiffre de P. Guérin, Rouen, 1505.

Fig. 274. Chiffre de Jehan Poitevin, Paris, 1498-1518.

Fig. 275. Le nom Karolus disposé en croix. Les trois voyelles forment le centre de la croix.

Fig. 276. Chiffre de Jehan Granjon, Paris, 1506-1551.

Fig. 277. Chiffre de Guillaume Bénard, Rouen, 1500-1515.

Fig. 278. Chiffre de Guill. Balsarin, sur fonds noirs.

PLANCHE 66.

Fig. 279. Chiffre de Michiel Tholoze, Paris, 1498-99. L'inscription à l'honneur de la ville de Paris, placée sur la bordure, est celle-ci : *Bonis hospiciis inclita urbs Parisiã in eternum manet.*

Fig. 280. Chiffre de Jacques Sacon, *Lyon*, 1498-1522.

Fig. 281. Chiffre de Jehan Gruninger, Strasbourg, 1483-1529.

Fig. 282. Chiffre de Matthias Hupfuff, Strasbourg, 1499-1520.

Fig. 283. Chiffre J. P. Croix brisée, au bas : Ste Trinitatis. Chiffre de Jehan Philippi, Paris, 1494-1512.

PLANCHE 67.

Fig. 284. Autre chiffre de Michiel Tholose. (*Voir* fig. 279.)

Fig. 285. Chiffre de Colard Mansion, Bruges, 1475 à 1484.

Fig. 286. Chiffre de Georges Mittelhus, Paris, 1484-1500.

Fig. 287. Chiffre de Michel Le Noir, Paris, 1489, 1520.

Fig. 288. Chiffre très-remarquable, composé de 6 lettres très-bien entrelacées. Chiffre de Gaspard Philippe, Paris, 1500 à 1510.

Fig. 289. Autre chiffre de Michel Le Noir.

PLANCHE 68.

Fig. 290. Chiffre composé des lettres P. L. J. B, placées dans un cœur partagé par deux traits croisés. Bordure en rinceaux.

Fig. 291. Chiffre de Raulin Gaultier, Rouen, 1507-1534.

Fig. 292. Chiffre de Philippe Le Noir, Paris, 1520-1539.

Fig. 293. Chiffre de H. Mayer, à Toulouse, 1488 à 1494.

PLANCHE 69.

Fig. 294-297-298. Chiffre de Johannes Rosembach, Perpignan, 1500.

Fig. 295. Chiffre de J. Priis, Strasbourg, 1488-1527.

Fig. 296. Chiffre de Richart Auzoult, Rouen, 1506.

PLANCHE 70.

Fig. 299. Chiffre de Johannes Scholtus, Strasbourg, 1500-1536.

Fig. 300. Chiffre de Richard Pynson, Londres, 1503-1527.

Fig. 301. Chiffre composé des lettres C S R H surmontées d'une double croix; on ignore à qui il a appartenu.

Fig. 302. Le nom de Pierre Regnault disposé en entier dans sa première lettre P. Ornements en rinceaux.

PLANCHE 71.

Fig. 303. Chiffre singulier; en ignore à qui il a appartenu.

Fig. 304 et 305. Chiffre de Nicolas Wolf, Lyon, 1498-1512.

Fig. 306. Chiffre d'Anthoine Vérard, Paris, 1585-1512.

MARQUES INÉDITES.

PLANCHE 72.

Fig. 307. Marque de Fr. Regnault, Paris, 1512-1551.

Fig. 308. Marque de Simon Hadrot, Paris, vers 1528.

Fig. 309. Marque de N. de la Barre, Paris, 1497-1518.

Ces mots dans la bordure : *Benedicite et nolite maledicere hic dicit Dñs.*

Fig. 310. Marque de Bernard Aubri, Paris, 1517-1524, avec ces mots dans la bordure : *A laventure tout vient a point qui peut attendre.*

Fig. 311. Anthoine du Ry, imprimeur à Lyon, 1515-1531, avec cette devise : *Post tenebras spero lucem,*

PLANCHE 73.

Fig. 312. Marque d'un libraire anglais, avec ces mots au bas : *Connais-toi toi-même.*

Fig. 313. Marque de A. Charron et J. Mesnage. Au-dessus de leur chiffre, les armes de France et cette inscription dans la bordure :

De ceulx icy ayez eu souvenance
Dont la Targette gist sous la noble armarie.
Et pour tous ceux de leur noble alliance,
Prie Jésus et la vierge Marie.

Fig. 314. La même marque moins les deux noms. La devise est celle-ci : *Gemina animi virtus.*

Fig. 315. Marque inconnue.

PLANCHE 74.

Fig. 316. Marque de Anthoine Chalvet, à Clermont, gravée d'après un modèle imparfait.

Fig. 317. Marque de Romain Loriot.

Fig. 318. Marque de Philippe Pigouchet (Paris, 1486-1512), grandeur de l'original.

Fig. 319 et 320. Marques inconnues.

PLANCHE 75.

Fig. 321 et 322. Marques de Lateron, Tours, 1496.

Fig. 323. Marque de P. Reberget.

TITRE.

—

Fig. 324. La figure placée sur le titre est curieuse par la réunion des trois écussons du roi de France, de l'université et de la ville de Paris, et par cette devise, placée dans la bordure, à l'honneur des trois puissances réunies alors pour protéger l'imprimerie en France.

Honneur au roy et à la court
Salut à l'université
Dont notre bien procède et sourt
Dieu gart de Paris la cyté.

Elle a servi de marque a *André Bocard*, libraire-imprimeur à Paris (1494), et se trouve reproduite, mais en réduction, dans l'ouvrage de M. Silvestre : *Marques typographiques des quinzième et seizième siècles.* Nous la donnons de la grandeur de l'original. Elle est placée sur le titre de la traduction française de l'*Imitation* imprimée en gothique par Jehan Lambert le ... me jour d'avril 1494.

* * *

Fig. 1.

Fig. 2.

Fig. 3.

Fig. 4.

Fig. 5.

Fig. 6.

Fig. 7.

Fig. 8.

Fig. 9.

Fig. 10.

Fig. 11.

Fig. 12.

Fig. 13.

Fig. 14.

Fig. 15.

Fig. 16.

Fig. 17.

Fig. 18.

— 4 —

Fig. 19.

Fig. 20.

Fig. 21.

Fig. 22.

Fig. 23.

2

Fig. 24.

Fig. 25.

M.Petrus oliuerius Rothomageñ.

Fig. 26.

IEHAN OLIVIER

Fig. 27.

Fig. 28.

Fig. 29.

Fig. 30.

Fig. 31.

Fig. 32.

Fig. 33.

Fig. 34.

IEHAN ✠ OLIVIER

Fig. 35.

MICHEL SMOVLES

Fig. 36.

Fig. 37.

Nicolas le caron

Fig. 38.

Fig. 39.

AVE GRACIA PLENA DNE

VINCETIVS·DE·PORTONARIIS

Fig. 40.

Fig. 41.

Fig. 42.

Fig. 43.

Fig. 44.

Fig. 46.

Fig. 48.

Fig. 45.

Fig. 47.

Fig. 49.

Fig. 50.

Fig. 51.

Fig. 52.

Fig. 53.

Fig. 54.

Fig. 55.

Fig. 56.

Fig. 57.

Fig. 58.

Fig. 59.

Fig. 60.

Fig. 61.

Fig. 62.

Fig. 63.

Fig. 64.

Fig. 65.

Fig. 66.

Fig. 67.

Fig. 68.

Fig. 69.

Fig. 70.

Fig. 71.

Fig. 72.

Fig. 73.

Fig. 74.

Fig. 75.

Fig. 76.

Eum gratia et privilegio regis

Fig. 77.

Guilk euftace les vent en la rue de la iuftice

Fig. 78.

Fig. 79.

Fig. 80.

Fig. 81.

Fig. 82.

Fig. 83.

Fig. 84.

Fig. 85.

Fig. 86.

Fig. 87.

Fig. 88.

Fig. 89.

Fig. 90.

Fig. 91.

Fig. 92.

Fig. 93.

Fig. 94.

tirer Qui en
En le monde fault bien
paradis veult monter

talem onte retorne toy

Oliuier Lenant

Fig. 95.

PAR AVIS

JASON MEDEE

OENIS ROSSE

Fig. 96.

Fig. 97.

Fig. 98.

Fig. 99.

Fig. 100.

Fig. 101.

Fig. 102.

Fig. 103.

Fig. 104.

Fig. 105.

Fig. 106.

Fig. 107.

Fig. 108.

Fig. 110.

Fig. 109.

Fig. 112.

Fig. 111.

Fig. 113.

Fig. 114.

Fig. 115.

Fig. 116.

Fig. 117.

Fig. 118.

Fig. 119.

Fig. 120.

Fig. 121.

Fig. 122.

Fig. 123.

Fig. 124.

Fig. 125.

Fig. 126.

Fig. 127.

9

Fig. 128.

Fig. 129.

Fig. 130.

Fig. 131.

Fig. 132.

Fig. 133.

Fig. 134.

Fig. 135.

Fig. 136.

Fig. 137.

Fig. 138.

Fig. 139.

Fig. 140.

fides facit

Guiot

Marchant

Fig. 142.

Fig. 141.

Fig. 143.

Fig. 144.

MATHIEV·BOLSEC

Fig. 145.

Fig. 146.

Fig. 147.

Fig. 148.

Fig. 149.

Fig. 150.

Fig. 151.

Fig. 152.

Fig. 153.

Fig. 154.

Fig. 155.

Fig. 156.

Fig. 157.

Fig. 158.

Fig. 160.

Fig. 159.

SAPIENTER AGAS

QVICQVID AGAS

RESPICE FINEM

Fig. 161.

Fig. 162.

PRELVM

Fig. 163.

PRELVM

ASCENSIANVM

Fig. 164.

Fig. 165.

prelū cesareū

PETRVS CAESAR GANDAVVS

Fig. 166.

Vitam mortuo reddo

Ie rauie le mort,

Fig. 167.

IN SVDORE VVLTVS TVI VESCERIS PANE EGER

Fig. 168.

La
GRANT DANSE
MACABRE
DES HOMMES
et
DES FEMMES.

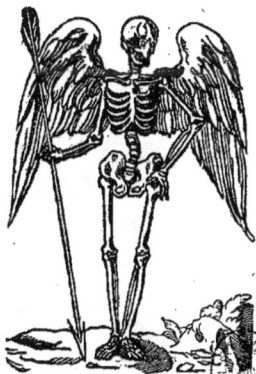 

Fig. 169.

Fig. 170.

Fig. 171.

Fig. 172.

Fig. 173.

Fig. 174.

Fig. 175.

Fig. 176.

Fig. 177.

Fig. 178.

Fig. 179.

Fig. 180.

Fig. 181.

Fig. 182.

Fig. 183.

Fig. 184.

— 47 —

Fig. 185.

Fig. 186.

Fig. 187.

Fig. 188.

Fig. 189.

Fig. 190.

Fig. 191.

Fig. 192.

Fig. 193.

Fig. 194.

Fig. 195.

Fig. 196.

Fig. 197.

Fig. 198.

Fig. 199.

Fig. 200.

Fig. 201.

Fig. 202.

Fig. 203.

Fig. 204.

Fig. 205.

Fig. 206.

Fig. 207.

Fig. 208.

Fig. 209.

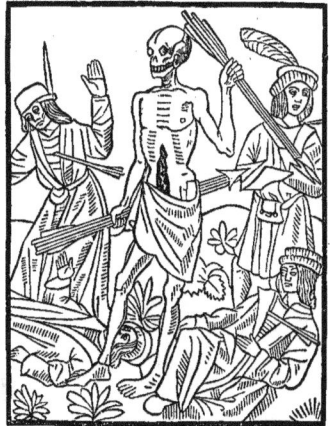

Fig. 210.

Fig. 211.

Fig. 212.

Fig. 213.

Fig. 214.

Fig. 215.

Fig. 216.

Fig. 217.

Fig. 218.

Fig. 219.

Fig. 220.

Fig. 221.

Fig. 222.

Fig. 223.

Fig. 224.

Fig. 225.

Fig. 226.

Fig. 227.

Fig. 228.

Fig. 229.

Fig. 230.

Fig. 231.

Fig. 232.

Fig. 233.

Fig. 234.

Fig. 235.

Fig. 236.

Fig. 237.

Fig. 238.

Fig. 239.

Fig. 240.

Fig. 241.

Fig. 242.

Fig. 243.

Fig. 244.

Fig. 245.

Fig. 246.

Fig. 247.

Fig. 248.

Fig. 249.

Fig. 250.

Fig. 251.

Fig. 252.

Fig. 253.

Fig. 254.

Fig. 255.

15

Fig. 256.

Fig. 257.

Fig. 258.

Fig. 259.

Fig. 260.

Fig. 261.

Fig. 262.

Fig. 263.

Fig. 264.

Fig. 265.

Fig. 266.

Fig. 267.

Fig. 268.

Fig. 269.

Fig. 271.

Fig. 272.

Fig. 273.

Fig. 274.

Fig. 275.

Fig. 276.

Fig. 277.

Fig. 278.

Fig. 279.

Fig. 280.

Fig. 281.

Fig. 282.

Fig. 283.

Fig. 284.

Fig. 285.

Felir hõe stis idiget
Salve sctã parens.

GEORGIVS . MITTELVS

Fig. 286.

Fig. 287.

Fig. 288.

Fig. 289.

Fig. 290.

Fig. 291.

Fig. 292.

Fig. 293.

Fig. 294.

Fig. 295.

Fig. 296.

Fig. 297.

Fig. 298.

Fig. 299.

Fig. 300.

Fig. 301.

Fig. 302.

Fig. 303.

Fig. 304.

Fig. 305.

Fig. 306.

Fig. 307.

Fig. 308.

BENEDICITE ET NOLITE MALEDICERE HEC DICIT DNS

Fig. 309.

VIENT APOINT QVI PEVT ATENDRE A LAVENTVRE TOVT

BERNARD AVBRI

Fig. 310.

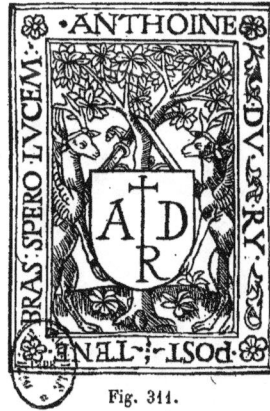

ANTHOINE DVBRY POST: TENEBRAS SPERO LVCEM

Fig. 311.

Fig. 312.

Fig. 313.

Fig. 314.

Fig. 315.

Fig. 316.

Fig. 317.

Fig. 318.

Fig. 319.

Fig. 320.

Fig. 321.

Fig. 322.

Fig. 323.

PARIS
Ad. Lainé et J. Havard
Imprimeurs
rue des S.-Pères,
19.

www.ingramcontent.com/pod-product-compliance
Lightning Source LLC
Chambersburg PA
CBHW072222270326
41930CB00010B/1964